OEUVRES DE MOLIERE

ILLUSTRATIONS
PAR
JACQUES LEMAN

LES PRÉCIEUSES
RIDICULES

PARIS
CHEZ J. LEMONNYER, LIBRAIRE-ÉDITEUR
53 BIS QUAI DES GRANDS AUGUSTINS
M.DCCC.LXXXII

OEUVRES
DE
J.-B. P. DE MOLIERE

III

LES PRÉCIEUSES
RIDICULES

JUSTIFICATION DU TIRAGE

Il a été fait pour les Amateurs un tirage spécial sur papiers de luxe, à 1,000 exemplaires, numérotés à la presse.

			NUMÉROS
125	exemplaires	sur papier du Japon.	1 à 125
75	—	sur papier de Chine.	126 à 200
200	—	sur papier Vélin à la cuve.	201 à 400
600	—	sur papier Vergé de Hollande.	401 à 1000

OEUVRES
DE
MOLIERE

ILLUSTRATIONS
PAR
JACQUES LEMAN
NOTICES
PAR
ANATOLE DE MONTAIGLON

PARIS
CHEZ J. LEMONNYER, LIBRAIRE-EDITEUR
53 BIS QUAI DES GRANDS AUGUSTINS
M.DCCC.LXXXII

NOTICE
DES PRÉCIEUSES RIDICULES

A plus grosse bataille que Molière ait livrée avant *Tartuffe* est la bataille des *Précieuses*.
 Au milieu du répertoire courant des Tragédies, Tragi-Comédies et Comédies contemporaines, égayées de Farces *all'improviso*, qui défrayaient les pérégrinations de sa Troupe provinciale et prenaient le meilleur de son temps, il a écrit et joué pour la Province deux grandes Comédies en vers. Il les a reprises pour inaugurer le succès de son Théâtre à Paris; mais les *Précieuses* sont bien sa première Pièce Parisienne et l'éclosion de ce grand théâtre personnel, qu'il a alimenté tout seul et dont, jusqu'à sa mort, il a porté tout le poids; car son Théâtre, aussi bien au Palais-Royal qu'au Petit-Bourbon, a représenté peu de pièces de ses contemporains, puisqu'il y a joué presque uniquement ses propres œuvres.
 En réalité, la représentation des *Précieuses*, le mardi 18 Novembre 1659, a été pour son auteur une bataille d'autant plus osée et périlleuse qu'il venait d'avoir deux grands succès et que la troisième Pièce, dont il exposait la fortune aux calomnies de ses envieux et aux fureurs de ses ennemis, avait contre elle trois choses. Elle était en un acte; elle était en prose; elle ne se prenait ni à des aventures nobles et tragiques, ni à des inventions romanesques, ni à des caractères généraux, mais à un travers du moment actuel et des mieux portés, qu'elle attaquait en plein front et qu'elle cinglait de plein fouet.

I. Dans le Théâtre du Moyen-Age il n'est pas question d'actes. Les Mystères sérieux y sont si longuement interminables qu'ils en sont arrivés à ne se diviser qu'en journées. Par contre, l'action comique, bornée à une situation et à un motif uniques, est courte et serrée.

Il se peut que *Pathelin*, le chef-d'œuvre du genre, soit la refonte et la résultante de deux ou de trois Farces, originairement distinctes, mais elles ont été si bien soudées ensemble que leur réunion est indissoluble. Dans l'école nouvelle du xvie siècle, qu'établissent Jodelle, Grévin, Garnier et Hardy, les Tragédies et les Comédies sont régulièrement en cinq actes, et les quelques Pièces, faites en dehors du théâtre représenté, qui n'ont pas de coupures, seraient assez longues pour en comporter. Avant Molière et de son temps, sauf les Farces des Bouffons italiens et les Parades populacières des Tabarins, on peut dire qu'à partir de la Renaissance il n'y a, dans le théâtre sérieux, pas de Pièces en un acte.

Les *Précieuses* sont la première; ce sont elles qui ont inauguré, qui ont consacré cette coupe, et c'est d'elles qu'est sortie la nombreuse famille des comédies en un acte de tout notre Théâtre moderne. En écrivant une vraie Pièce dans la mesure des canevas comiques de son *Docteur amoureux*, de son *Médecin volant*, de sa *Jalousie du Barbouillé*, Molière s'exposait à ce qu'on confondît ses *Précieuses* avec les drôleries des tréteaux, et les contemporains ne s'en sont pas fait faute. Il n'a pas suffi du succès; il a fallu la sanction du temps et le jugement de la postérité pour mettre l'œuvre à son rang et l'y maintenir.

II. Il en eut été autrement s'il l'eut écrite en vers, mais elle était en vile prose comme les gaîtés des Farceurs, et cela empêchait de l'en distinguer. A la suite de tout notre Théâtre du Moyen-Age qui n'est qu'en vers, non seulement les Mystères, les Moralités et les Sotties, mais même les Farces — car l'on ne citerait pas une Farce en prose avant le commencement du xviie siècle, c'est à dire au moment de leur absolue décadence — tout le Théâtre de la seconde moitié de notre xvie siècle est en vers. Ce sont les Italiens qui ont donné sur la Scène les premiers exemples de la prose; depuis la *Calandria* du Cardinal Bibbiena, mort en 1520, les Comédies en prose des Italiens, qui, au contraire de nos Fabliaux, avaient dès l'origine l'habitude de la prose pour leurs *Novelle*, sont si fréquentes qu'il est inutile d'en rappeler, et c'est de l'Italie que la parole débarrassée du mètre, les *verba soluta modis*, pour emprunter un mot d'Ovide, se sont glissés en France dans la Comédie.

La première Pièce de théâtre en prose française est la traduction de la *Sophonisba* du Trissin, représentée deux fois devant Henri II en son château de Blois pour les fêtes des noces du Marquis d'Elbeuf et de M. Cypierre, par conséquent en 1554 et 1556, et imprimée en 1560. C'est l'œuvre de Mellin de Saint-Gelais, mort en 1558, et de François Habert, qui y jouèrent tous les deux un rôle au milieu des Gentilshommes et des Filles d'honneur de Catherine. Toute la Tragédie est en prose « excepté le *Chorus*, ou assemblée de Dames, qui parle en vers de plusieurs genres », et, malgré cela, beaucoup des Chœurs de la fin, qui, pour conserver l'unité, auraient dû être en vers, sont en prose, probablement faute de temps.

On cite toujours pour exemple les neuf pièces de Pierre de Larrivey, imprimées en 1579 et en 1611; mais il est contestable en ceci que Larrivey n'est pas un auteur original. M. Jannet a établi d'une façon indéniable que, malgré des libertés d'arrangement dans le détail, toutes les Pièces de Larrivey, sans exception, sont des traductions de Comédies Italiennes, comme les deux Pièces de Jean de la Taille sont traduites de Comédies de l'Arioste. De plus il n'a pas été produit le moindre témoignage que les Pièces de Larrivey, ou même seulement l'une d'entre elles, aient jamais été jouées. Par là elles sont comme en dehors de la question.

La presque totalité des pièces en prose du xvie siècle et de la première moitié du xviie est évidemment dans le même cas. Elles sont en général à peu près inconnues et du reste si rares qu'il est facile d'en dresser la liste. Sa brièveté montrera la nouveauté hardie du parti choisi par Molière de ne pas employer la forme du vers, parce qu'il lui a semblé, comme avait dit Larrivey, « que le commun peuple, qui est le principal personnage de « la Scène, ne s'étudie pas tant à agencer ses paroles qu'à publier son « affection, qu'il a plus tôt dite que pensée. »

Il est curieux que la *Lucelle*, tragédie en prose de Louis le Jars, imprimée en 1576 et récrite en vers en 1607 par Jean du Hamel, soit précisément dédiée par son auteur à Larrivey, et curieux aussi de trouver dans les Flandres des pièces en prose dues à des Maîtres d'école. Il s'agit d'un Gantois, Gérard de Vivre, Maître d'école à Cologne, dont Nicolas Bonfons a réimprimé à Paris, en 1577 et 1578, les *Amours de Theseus et de Dianira* et la *Fidélité nuptiale*; il a dédié la première à son ami Mᵉ Pierre Heins, Maître d'école à Anvers, qui a lui-même imprimé à Amsterdam, en 1596 et 1597, deux Pièces également en prose, une Tragédie sur l'histoire de Judith et une Tragi-Comédie sur l'enfance de Moïse.

Revenant en France, nous y trouverons quelque chose de plus important et de plus connu, *Les Contents* d'Odet de Tournebu, imprimés en 1584, trois ans après la mort de leur auteur, et impudemment copiés à Blois en 1626 par Charles Maupas sous le titre, involontairement juste, de *Les Déguisés*. La prose scénique était dans l'air en 1584; c'est dans cette même année que François d'Amboise imprime ses *Napolitaines*, et il est à remarquer que les six premières traductions de Larrivey avaient été dédiées par lui en 1579 à ce même François d'Amboise.

Le règne de Louis XIII n'est pas beaucoup plus riche. On n'y peut citer en prose que *La Supercherie d'amour* du Sieur de Ch., en 1627; en 1629, la *Comédie des Comédies* de l'Avocat Parisien Dupeschier, « traduite de l'Italien en langage de l'Orateur François », satyre littéraire contre le style de Balzac; de 1631 à 1644, les six ennuyeuses Tragédies de Puget de La Serre; en 1633, les deux premiers actes de *la Comédie des Comédiens* du Dijonnais Gougenot et la *Bergerie* de M. de Crosilles; en 1634, une Pièce anonyme, *Le matois Mari, ou la Courtisane attrapée*, dont les trois actes, qui forment un gros volume, sont imités d'un livre Espagnol « approprié aux pratiques de Paris »; en 1635, un arrangement anonyme du *Cantique des Cantiques*; en 1642 et 1646, la *Pucelle d'Orléans* et la *Zénobie* de l'abbé d'Aubignac, qui ne faisait ses tragédies en prose que parce qu'il était incapable de les écrire en vers.

En somme, il n'y a que deux Comédies en prose de cette époque qui aient été et soient restées bien connues. L'une est la curieuse Comédie en trois actes, ce qui est alors une coupure peu usitée, que le Comte de Cramail a composée avec une enfilade ininterrompue de proverbes, et dont la première édition est de 1634. L'autre est le fameux *Pédant joué* de Cyrano de Bergerac, dont on ne connaît pas d'impression avant 1654, mais dont la composition doit être antérieure. Avec les traductions de Larrivey, le *Pédant joué* est le seul dont relève ici Molière, qui y a plus tard repris son bien, mais le bilan de la prose au Théâtre est, comme on voit, assez maigre pour montrer clairement que c'était une nouveauté dangereuse et qu'il y avait du courage et du péril à la tenter.

Cela est si vrai qu'on n'a pas cessé de reprocher à Molière d'écrire en prose. Grimarest nous a conservé l'opinion de ce Duc, qui disait de *l'Avare* en 1669 : « Molière est-il fou et nous prend-il pour des benêts de nous faire essuyer cinq actes de prose ? A-t'on jamais veu pareille extravagance ? Le moyen d'être diverti par de la prose ! »

Ce qui montre encor la persistance du même sentiment, c'est la mise en vers des pièces de Molière. On comprend dans une certaine mesure Loret et ses continuateurs rimant la *Gazette* et, avant lui, les *Courriers de la Fronde* de Saint-Julien versifiant le texte du *Courrier François* et d'autres Mazarinades. Au moins était-ce plus amusant à lire pour les belles Dames. Mais dépecer Molière et l'affubler de méchantes rimes ne se comprend pas. Pourtant, si les braves gens qui, au dernier siècle et jusque de nos jours, se sont livrés à cet exercice aussi inutile que niais, ne comptent d'aucune façon, il n'en est pas moins vrai qu'ils ont eu des devanciers non seulement au xviie siècle, mais même du vivant de l'auteur.

La *Princesse d'Elide* n'a été terminée et jouée toute en vers que dans la première moitié du xviiie siècle ; mais *Don Juan*, représenté par Molière quinze fois seulement, en Février et en Mars 1665, ne fut repris en 1677 par sa Troupe sur le Théâtre de « l'Hôtel dit Guénégaud » que sous la forme, versifiée et adoucie, commandée et payée par sa propre veuve à Thomas Corneille. Les vers de celui-ci restèrent seuls au théâtre pendant un siècle et demi ; c'est seulement de notre temps, d'abord à l'Odéon en 1841, et ensuite aux Français, à partir du 15 janvier 1847, pour l'un des anniversaires de la naissance de Molière, que la copie a été abandonnée et le vrai texte en prose remis en lumière. Antérieurement un anonyme avait, dès 1674, puisque la permission porte cette date, mis en vers un *Mariage forcé* qu'il imprima en 1676. Bien plus, Baudeau de Somaize avait, en avril 1660, imprimé chez Ribou, avec une dédicace à la nièce de Mazarin, Marie de Mancini, *les Précieuses ridicules nouvellement mises en vers*. Les Libraires du Palais, possesseurs du Privilège de Molière, y firent d'abord opposition, puis s'accommodèrent avec lui en lui abandonnant le droit de débiter sa *rimaille* à la condition qu'il l'associerait aux éditions futures du *Grand Dictionnaire des Précieuses*, qui ne vinrent pas.

Est-il besoin de dire que les vers de Somaize sont méchants, mais il est étonnant que leur réimpression ne figure pas encore dans les curieuses collections Molièresques de M. Paul Lacroix. Ici il convient seulement de dire à leur propos qu'en mettant les *Précieuses* en vers, Somaize ne voulait pas seulement profiter de leur vogue et avoir part à leur succès, mais il croyait leur faire honneur et les améliorer. Il était dans le sens de l'opinion de plus d'un contemporain, qui n'admettait pas encore qu'on parlât en prose au théâtre comme dans la vie.

III. L'autre danger, et non le moins grand, était que Molière s'attaquait, sinon à telle ou telle personne en particulier, aux moins aux façons très bien portées de tout un très grand monde, aussi bien masculin que féminin.

Les Précieuses, puisque c'est leur nom dans l'histoire, et surtout dans leurs premiers temps, ont eu la plus heureuse et la plus honorable influence. Elles ont nettoyé la parole, et en même temps la pensée, en réagissant contre la grossièreté, naïve ou obscène, qui s'étalait par trop au grand jour et qui allait en s'augmentant.

Quand on n'y réfléchit pas, l'on ne se fait pas idée de ce qu'étaient les conversations de la Cour. Qu'on se rapporte aux jeux innocents des *Adevineaux amoureux*, qui nous donnent le ton de la Cour de Bourgogne, l'une des plus polies du xve siècle. On s'étonne trop des franchises du Roman de Rabelais; elles n'ont été que le passe-port du reste, qui sans elles n'eut pas été lu, et elles paraissent moins raides quand on se souvient qu'à Fontainebleau, dans la chambre de la Reine de France, femme de François Ier, il y avait à demeure, au centre de la pièce, dégagée par conséquent et visible de tous les côtés, une statue de Cybèle que le Rustici avait caractérisée par un attribut violent, dont la présence, dans une chambre royale et féminine, ne choquait alors personne et auquel on ne faisait pas attention. Brantôme n'est rien à côté du trop fameux *Moyen de parvenir* de Béroalde de Verville; Tallemant n'est rien à côté de l'honnête Journal du Médecin Hérouard, qui, en notant la vie journalière du Dauphin dont il avait la santé en charge, nous apprend comment parlaient et de quoi riaient Henri IV et ses courtisans. Il n'en fallait pas moins pour que, sous Louis XIII, il fût possible d'écrire, de signer et de publier les vers du *Cabinet Satyrique*. Les recueils de chansons plus que railleuses et les *Sottisiers* des règnes de Louis XIV et de Louis XV ont continué la tradition, mais à l'état d'exception et de bravade; au moins l'obscénité ne s'étalait plus au grand jour, et les Précieuses ont contribué à la rejeter dans l'ombre.

C'est le service le plus sérieux qu'on leur doive, et il faut leur en tenir très grand compte. Par contre, leur seconde génération donnait dans l'exagération contraire, dans la recherche et l'idolâtrie de l'entortillé et du convenu; alors il a fallu à son tour réagir contre leurs prétentions à la pure affectation d'un langage incompréhensible, et, ce qui est pis, à l'absurdité malsaine des délicatesses fausses.

Cela avait commencé dans la littérature par le Pétrarquisme, mais cela avait bien grandi. L'Euphuisme en Angleterre, le Gongorisme en Espagne, le d'Urféisme en France et le Marinisme en Italie l'avaient enlevé jusqu'aux étoiles. Dans notre pays moyen, qui, dans les choses de l'esprit, se reprend constamment à la raison et à la clarté, l'extravagance littéraire s'épuise et lasse vite. On en était là au milieu du xviie siècle, et Molière n'est pas le premier qui ait crié gare. Les deux Romans de Sorel, *La vraie histoire comique de Francion* et *Le Berger extravagant* sont du règne de Louis XIII. C'est en 1656 que Saint-Evremont, qui connaissait bien son monde, met dans l'envoi en prose de sa jolie Satyre du Cercle, une définition de la Précieuse, que le gros bon sens de Gorgibus aurait applaudie, surtout pour l'amusant coup de boutoir : « Si vous voulez savoir en quoi les Précieuses font consister leur plus grand mérite, c'est à aimer tendrement leurs Amants sans jouissance, et à jouir solidement de leurs Maris avec aversion ». Le *Voyage* de Chapelle, un des plus vieux amis de Molière, et de Le Coigneux de Bachaumont, est de l'automne de 1656, et eux aussi se moquent des Précieuses de Province : « A leurs petites mignardises, leur parler gras et leurs discours extraordinaires, nous crûmes que c'étoit une Assemblée des Précieuses de Montpellier; mais, bien qu'elles fissent de nouveaux efforts à cause de nous, elles ne paroissoient que des Précieuses de Campagne et n'imitoient que faiblement nos Précieuses de Paris ».

Rœderer, dans son *Histoire de la Société polie*, a essayé de prouver que la pièce de Molière ne visait pas l'Hôtel de Rambouillet parce qu'elle était faite contre la Province, où elle aurait d'abord été jouée, et cette dernière thèse a été reprise depuis. Les deux jeunes folles sont bien des pecques provinciales qui ne font que d'arriver à Paris; mais ce n'est qu'un artifice et qu'un faux fuyant de Molière pour se couvrir et se garder à carreau. Il ne prouve rien qu'à côté de l'allusion à l'affaire de Gravelines, qui est de 1658, il y en ait une au siège d'Arras, qui est de 1654;

comment établir que les deux allusions n'ont pas été écrites en même temps.

D'ailleurs, les Précieuses de la Province ne pouvaient être que la copie de celles de Paris, qui donnaient le ton et sur qui elles se réglaient forcément. Tallemant, à propos d'Angélique Clarice d'Angennes, déjà mariée en 1658 au Comte de Grignan qui devait avoir deux autres Femmes, parle bien de ses préciosités avec les Gentilshommes Angoumois, mais ce n'est pas une Provinciale, et ailleurs Tallemant va jusqu'à dire d'elle formellement qu'elle est « un des originaux des *Précieuses* ».

La seule assertion qu'on ait invoquée et répétée est celle de Grimarest, qui ne s'est pas trompé qu'une fois; il est plus prudent et plus juste de s'en tenir au témoignage de La Grange, qui a créé sous son propre nom le rôle d'un des deux Maîtres et qui a écrit, dans la Préface de l'édition de 1682, cette phrase, absolument nette et décisive : « En 1659, Molière fit la Comédie des Précieuses ridicules ».

On a surtout excipé des différences de l'analyse donnée par Madame de Villedieu dans son curieux « *Récit en vers et en prose de la Farce des Précieuses* ». Comme on voit ce n'était pas encore pour elle une Comédie, pas plus que pour Dangeau, qui dit, à la date du 22 novembre 1702, que le Roi alla le soir chez Madame de Maintenon voir *Absalon*, où jouait la Duchesse de Bourgogne, « et ensuite, pour Farce, les Précieuses de Molière »; il est aussi à relever, dans le sens de ce que nous avons dit, que Madame de Villedieu, quand elle fait parler les personnages, ne se contente pas, elle aussi, de la prose; elle la récrit en vers.

Revenant à la question des différences avec la Pièce telle que nous la connaissons, elles sont réelles. Les noms d'emprunts, dont s'affublent Magdelon et Cathos, ne sont pas Polyxène et Aminte, mais Clymène et Philimène. On n'y trouve plus la pudibonderie de la « soucoupe inférieure », que Somaize catalogue sérieusement, ni la grosse plaisanterie de Jodelet, disant, à propos d'un coup de mousquet dans la tête, qu'il avait rendu la balle en éternuant. Ce qui est plus grave, c'est la disparition de scènes avec les deux prétendants, dont celles avec leurs valets formaient la contre-partie.

D'abord l'édition du *Récit* de Madame de Villedieu, aussi bien que la contrefaçon d'Anvers, est de 1660, comme la publication de la Pièce de Molière; ensuite, si le *Récit* est à l'adresse de Barbin, la Préface dit que

NOTICE DES PRÉCIEUSES RIDICULES

c'est de Luynes qui l'imprime malgré elle, et c'est aussi de Luynes qui force Molière à imprimer. Voilà des connexités bien frappantes et à peu près la preuve que, si le *Récit* doit avoir été mis en vente avant la Pièce dont il faisait le jeu, il ne l'a précédée que de bien peu et n'a pas dû paraître sans l'agrément et sans la connivence de Molière.

On a donné des différences une explication qui paraît bien la meilleure. Somaize, tout en constatant le succès, nous dit qu'après la première représentation, la pièce fut arrêtée par l'intervention d'un Alcoviste de Qualité. Que cela soit vrai ou non, l'inestimable Registre de La Grange permet de constater qu'après la première représentation du 18 Novembre, la seconde ne fut donnée que le 2 Décembre. C'est un intervalle de quinze jours, pendant lequel Molière a eu plus que le temps de faire des coupures et des raccords. La scène de la présentation des maris, où ils avaient un méchant rôle puisque les deux sottes ne faisaient que bailler et s'ennuyer sans rien dire, a pu paraître froide et faire longueur. On l'aura dit à Molière, ou il l'aura senti lui-même, et il l'a bravement coupée. Avec cette explication, très-plausible, le *Récit* de Madame de Villedieu se trouve être d'autant plus intéressant.

En tout cas, si le mot du vieillard au parterre : « Courage, Molière ; voilà la bonne Comédie », si ce que le *Ménagiana*, paru seulement en 1693, met dans la bouche de Ménage, sont probablement des légendes, inventées ou grossies après coup, l'effet bruyant et le succès durable des Précieuses furent extraordinaires.

La *Gazette* de Loret constate le succès des *Précieuses* d'une façon exceptionnelle en lui consacrant un article à part, sous le nom d'*Apostille*, à la fin de sa Lettre du 6 Décembre 1659 :

« *Cette Troupe de Comédiens*
Que MONSIEUR *avoue être siens,*
Reprézentant sur leur Téâtre
Une Action assez folâtre,
Autrement un Sujet plaisant,
A rire sans cesse induizant
Par des choses facécieuzes,
Ont été si fort vizitez
Par gens de toutes Qualitez
Qu'on n'en vit jamais tant ensemble
Que ces jours passez, ce me semble,

Dans l'Hôtel du Petit-Bourbon.
Ce n'est qu'un sujet chymérique,
Mais si boufon et si comique
Que jamais les Pièces du Ryer,
Qui fut si digne de laurier ;
Jamais l'Œdipe de Corneille
Que l'on tient être une merveille ;
La Cassandre *de Bois-Robert ;*
Le Néron *de Monsieur Gilbert ;*
Alcibiade ; Amalazonte,
Dont la Cour a fait tant de conte,

Ny le Fédéric de Boyer	A plusieurs, tant sages que fous.
Digne d'un immortel loyer,	Pour moy, j'y portay trente sous,
N'ûrent une vogue aussi grande,	Mais, oyant leurs fines paroles,
Tant la Pièce semble friande	J'en ry pour plus de dix pistoles

Plus tard, dans sa Lettre du 30 octobre 1660, Loret y revient pour nous dire que, pendant la démolition du Petit-Bourbon, condamné pour les travaux du Louvre et les travaux d'appropriation de la Salle du Palais-Royal, Molière alla jouer au Louvre les *Précieuses*, dans la chambre du Cardinal Mazarin, qui ne faisait plus que traîner, et à qui il fait l'honneur d'un cadeau de « mille beaux écus mignons ».

Les mille écus ne sont plus que trois mille livres dans le Registre de La Grange, et elles ne furent pas données par Mazarin, mais par sa Majesté, qui, pendant que le Cardinal était forcément assis, vit la Comédie debout et incognito, rentrant de temps en temps dans un grand cabinet, et, le reste du temps, appuyé sur la chaise de Son Éminence. Le tableau n'est-il pas tout fait?

Naturellement le succès des *Précieuses* fut d'autant plus éclatant qu'il allait à l'encontre du courant et qu'il fut grandi par les froissements et les susceptibilités. Molière s'est empressé de chercher à les apaiser par les déclarations de sa Préface, et bien plus encore, pour les contemporains et sur son propre Théâtre, par une Pièce de Gilbert, *La vraie et la fausse Précieuse*, qu'il joua neuf fois dans l'été de 1660 et qui n'a pas été imprimée. De plus toute l'œuvre de Somaize, l'Historiographe en titre des Précieuses, est sortie de la Pièce de Molière : et l'étonnante mise en vers, et ses *Véritables Précieuses* et même son *Grand Dictionnaire*.

On ne connaît d'exemplaires que de la seconde édition de la première forme de celui-ci, qui, malgré son titre de *grand*, n'est qu'une mince plaquette; mais la date de son Privilège, obtenu le 30 Mars 1660, est postérieur de quatre mois à la représentation au Petit-Bourbon. Si quelqu'un a pris quelque chose à l'autre, et si l'on trouve dans Somaize des termes précieux qui sont dans Molière, ce n'est pas lui qui les a empruntés à Somaize, mais Somaize qui les a relevés chez lui. Molière, en même temps qu'il en empruntait certainement au jargon à la mode — et cela était nécessaire pour être dans le ton — est bien capable d'en avoir ajouté de son cru et d'en avoir inventé tellement dans le même goût qu'ils ne pouvaient pas ne pas faire illusion.

Somaize, qui a eu pour lui la malencontreuse sottise d'écrire que « Molière tire toute sa gloire des Mémoires de Guillot Gorju, qu'il a achetés de sa veuve et dont il s'adopte tous les ouvrages » — voilà un Farceur qui se trouverait avoir été un grand homme bien méconnu — ne manque pas d'accuser Molière d'un autre plagiat à propos des *Précieuses* : « C'est un vol fait aux Italiens, à qui l'Abbé de Pure les avait données ». Dans les *Véritables Précieuses*, Somaize ajoute que dans l'Abbé de Pure il se trouvait « deux Valets qui se déguisent pour plaire à deux femmes et que leurs Maîtres battent à la fin ». La Pièce serait de 1656. Quoique Molière fût alors en Province, comme il devait de temps en temps revenir toucher barre et prendre langue à Paris, il se pourrait bien qu'il l'eût vue ; mais — c'est Somaize qui le dit lui-même — il y a, au moins, « cette petite différence que, dans la première, les Valets le font à l'insu de leurs Maîtres et que, dans la dernière, ce sont eux qui leur font faire ». La petite différence, puisque toute l'intrigue est là, au point d'arrivée comme au point de départ, est au contraire fort grosse.

De plus, si l'on sait, par *la Muse Royale*, que l'Abbé : « Fit, dans Bourbon, parler jadis » les Précieuses « En langue Toscane fort pure », il n'en est pas moins probable, pour ne pas dire plus, qu'ils ne pouvaient avoir pris de lui qu'un canevas, incessamment brodé et varié par eux dans le sens de la pure Farce. Si la Pièce eut été écrite et si Molière l'avait si copiée que l'affirme Somaize, les ennemis de Molière n'auraient pas, dans sa vie, manqué d'occasions pour l'imprimer et la lui jeter dans les jambes.

Déjà en 1656 l'Abbé de Pure avait imprimé, en quatre volumes in-douze, une sorte de Roman intitulé *La Précieuse, ou le mystère de la Ruelle*. Le peu de raillerie anodine qui s'y rencontre est enveloppé et sucré de tant de circonlocutions et de louanges qu'il n'y a pas lieu de prendre l'Abbé pour un précurseur de Molière ; le comique de sa Pièce a dû sortir en entier des improvisations et des charges des Acteurs Italiens. Molière, comme dans plus d'une circonstance des nécessités théâtrales de sa Troupe, a profité là d'un courant, mais c'est lui qui a apporté le plus d'eau à la rivière.

En réalité, ce qu'il n'a emprunté à personne, c'est l'attaque franchement sérieuse et l'assaut en plein jour. Boileau s'en est bien souvenu quand, dans sa dizième Satire contre les femmes, parlant d'une Précieuse attardée, il l'appelle

> *Reste de ces esprits, jadis si renommés,*
> *Que d'un coup de son art Molière a diffamés.*

Boileau a raison. C'est Molière et lui seul qui a porté le grand coup et qui, par exception, a justifié la devise de la Comédie; il a corrigé en riant. Le titre du livret imprimé d'une Mascarade de 1660, la *Défaite des Précieuses* suffirait à en fournir la preuve; il a défait les Précieuses au Petit Bourbon autant que Condé avait battu l'Infanterie Espagnole à Rocroy. Le bon est resté; le puéril, le contourné, le faux, le ridicule n'ont pas été vaincus. Ils renaissent et ils renaîtront toujours; mais au moins ont-ils été interrompus, enrayés, et leur a-t-il fallu changer de forme, recommencer à nouveaux frais et se glisser humblement au lieu de porter beau et de triompher.

Molière, à la fin de sa carrière, a trouvé bon d'y revenir d'une façon plus mûre et plus haute; les *Femmes Savantes* sont une suite et une reprise des *Précieuses*. Mais il faut aussi ne pas oublier que le petit acte en prose de 1659 a aussi commencé l'attaque de Précieux d'un autre genre, et c'est une autre campagne que Molière n'a cessé de suivre. Qu'est-ce que ce Valet déguisé en Noble et en homme du bel air? Mascarille n'est que le premier de tous ses Marquis ridicules.

ANATOLE DE MONTAIGLON.

LES PRÉCIEUSES RIDICULES

LES

PRECIEUSES

RIDICULES

COMEDIE

REPRESENTEE AU PETIT·BOURBON

A PARIS
CHEZ CHARLES DE SERCY AU PALAIS
DANS LA SALLE DAUPHINE
A LA BONNE FOY COURONNEE

M.DC.LX
AVEC PRIVILEGE DU ROY

PRÉFACE

'EST une chose estrange qu'on imprime les gens malgré eux. Je ne vois rien de si injuste, et je pardonnerois toute autre violence, plus-tost que celle-là.

Ce n'est pas que je veuille faire icy l'Autheur modeste, et mépriser par honneur ma Comédie. J'offencerois mal à propos tout Paris, si je l'accusois d'avoir pû applaudir à une sottise; comme le Public est le Juge absolu de ces sortes d'ouvrages, il y auroit de l'impertinence à moy de le démentir, et, quand j'aurois eu la plus mauvaise opinion du Monde de mes *Précieuses Ridicules* avant leur représentation, je dois croire maintenant qu'elles valent quelque chose, puisque tant de gens ensemble en ont dit du bien. Mais, comme une grande partie des grâces qu'on y a trouvées dépendent de l'action et du ton de voix, il m'importoit qu'on ne les dépouillast pas de ces ornemens, et je trouvois que le succès qu'elles avoient eu dans la représentation estoit assez beau pour en demeurer là. J'avois résolu, dis-je, de ne les faire voir qu'à la chandelle, pour ne point donner lieu à quelqu'un de dire le Proverbe, et je ne voulois pas qu'elles sautassent du Théâtre de Bourbon dans la Galerie du Palais. Cependant je n'ay pu l'éviter, et je suis tombé dans la disgrâce de voir une copie dérobée de ma Piéce entre les mains des Libraires, accompagnée d'un Privilège obtenu par surprise. J'ay eu beau crier « O temps! O mœurs » ; on m'a fait voir une nécessité pour moy d'estre imprimé, ou d'avoir un procés, et le dernier mal est encore pire que le premier. Il faut donc se laisser aller à la destinée, et consentir à une chose qu'on ne laisseroit pas de faire sans moy.

Mon Dieu, l'étrange embarras qu'un Livre à mettre au jour, et qu'un Autheur est neuf la première fois qu'on l'imprime! Encore si l'on m'avoit donné du temps, j'aurois pu mieux songer à moy, et j'aurois pris toutes les précautions que Messieurs les Autheurs, à présent mes confrères, ont coutume de prendre en semblables occasions. Outre quelque grand Seigneur, que j'aurois été prendre, malgré luy, pour Protecteur de mon Ouvrage, et dont j'aurois tenté la libéralité par une Espitre dédicatoire bien fleurie, j'aurois tâché de faire une belle et docte Préface, et je ne manque point de livres qui m'auroient fourny tout ce qu'on peut dire de sçavant sur la Tragédie et la Comédie, l'éthimologie de toutes deux, leur origine, leur définition, et le reste. J'aurois parlé aussi à mes amis, qui, pour la recommandation de ma Piéce, ne m'auroient pas refusé, ou des vers François ou des vers Latins. J'en ay mesme qui m'auroient loué en Grec, et l'on n'ignore pas qu'une louange en Grec est d'une merveilleuse efficace à la teste d'un Livre. Mais on me met au jour sans me donner le loisir de me reconnoistre, et je ne puis mesme obtenir la liberté de dire deux mots pour justifier mes intentions sur le sujet de cette Comédie. J'aurois voulu faire voir qu'elle se tient partout dans les bornes de la satyre honneste et permise ; que les plus excellentes choses sont sujettes à estre copiées par de mauvois Singes, qui méritent d'être bernez ; que ces vicieuses imitations de ce qu'il y a de plus parfait ont esté de tout temps la matière de la Comédie et que, par la mesme raison que les véritables Sçavans et les vrays Braves ne se sont point encore avisez de s'offencer du Docteur de la Comédie et du Capitan, non plus que les Juges, les Princes et les Rois de voir Trivelin, ou quelque autre sur le Théâtre, faire ridiculement le Juge, le Prince ou le Roy; aussi les véritables Précieuses auroient tort de se piquer lors qu'on joue les Ridicules, qui les imitent mal.

Mais enfin, comme j'ay dit, on ne me laisse pas le temps de respirer, et Monsieur de Luynes veut m'aller faire relier de ce pas. A la bonne heure, puisque Dieu l'a voulu.

LES PERSONNAGES

LA GRANGE,
DU CROISY, } Amans rebutez.

GORGIBUS, bon Bourgeois.

MAGDELON, Fille de Gorgibus,
CATHOS, Nièce de Gorgibus, } Précieuses ridicules.

Marotte, Servante des Précieuses ridicules.

Almanzor, Laquais des Précieuses ridicules.

Le Marquis de MASCARILLE, Valet de La Grange.

Le Vicomte de JODELET, Valet de Du Croisy.

Deux Porteurs de chaise.

Voisines.

Violons

SCÈNE PREMIÈRE

L'A GRANGE, DU CROISY

DU CROISY

EIGNEUR La Grange....

LA GRANGE

Quoy ?

DU CROISY

Regardez-moy un peu sans rire.

LA GRANGE

Et bien ?

DU CROISY

Que dites-vous de nostre visite ? En estes-vous fort satisfait ?

LA GRANGE

A vostre avis, avons nous sujet de l'estre tous deux ?

DU CROISY

Pas tout à fait, à dire vray.

LA GRANGE

Pour moy, je vous avoue que j'en suis tout scandalisé. A-t-on jamais veu, dites-moy, deux Pecques Provinciales faire plus les renchéries que celles-là, et deux hommes traitez avec plus de mépris que nous ? A peine ont-elles pu se résoudre à nous faire donner des sièges. Je n'ay jamais veu tant parler à l'oreille qu'elles ont fait entre elles, tant bailler, tant se frotter les yeux, et demander tant de fois : « Quelle heure est-il ? » Ont-elles répondu que *Ouy* et *Non* à tout ce que nous avons pû leur dire ? Et ne m'avouerez-vous pas enfin que, quand nous aurions été les dernières personnes du Monde, on ne pouvoit nous faire pis qu'elles ont fait ?

DU CROISY

Il me semble que vous prenez la chose fort à cœur.

LA GRANGE

Sans doute, je l'y prens, et de telle façon que je veux me vanger de cette impertinence. Je connoy ce qui nous a fait mépriser. L'air précieux n'a pas seulement infecté Paris ; il est aussi répandu dans les Provinces, et nos Donzelles ridicules en ont humé leur bonne part. En un mot, c'est un ambigu de Précieuse et de Coquette que leur personne. Je voy ce qu'il faut estre pour en estre bien reçeu, et, si vous m'en croyez, nous leur jouerons tous deux une pièce, qui leur fera voir leur sottise, et pourra leur aprendre à connoistre un peu mieux leur monde.

DU CROISY

Et comment encore ?

LA GRANGE

J'ay un certain Valet, nommé Mascarille, qui passe, au sentiment de beaucoup de gens, pour une manière de Bel Esprit, car il n'y a rien à meilleur marché que le bel esprit maintenant. C'est un extravagant, qui s'est mis dans la tête de vouloir faire l'Homme de Condition. Il se pique ordinairement de galanterie et de vers, et dédaigne les autres Valets jusqu'à les appeler brutaux.

DU CROISY

Et bien, qu'en prétendez-vous faire ?

LA GRANGE

Ce que j'en prétens faire ? Il faut..... Mais sortons d'icy auparavant.

SCÈNE II
GORGIBUS, DU CROISY, LA GRANGE

GORGIBUS
Et bien, vous avez veu ma Nièce et ma Fille. Les affaires iront-elles bien ? Quel est le résultat de cette visite ?

LA GRANGE
C'est une chose que vous pourrez mieux aprendre d'elles que de nous. Tout ce que nous pouvons vous dire, c'est que nous vous rendons grâce de la faveur que vous nous avez faite, et demeurons vos très humbles serviteurs.

GORGIBUS
Ouais ! Il semble qu'ils sortent mal satisfaits d'icy. D'où pourroit venir leur mécontentement ? Il faut sçavoir un peu ce que c'est. Holà !

SCÈNE III
MAROTTE, GORGIBUS

MAROTTE
Que desirez-vous, Monsieur ?

GORGIBUS
Où sont vos Maistresses ?

MAROTTE

Dans leur Cabinet.

GORGIBUS

Que font-elles ?

MAROTTE

De la pommade pour les lèvres.

GORGIBUS

C'est trop pommadé. Dites-leur qu'elles descendent.
— Ces pendardes-là avec leur pommade ont, je pense,
envie de me ruiner. Je ne voy partout que blancs d'œufs,
lait virginal, et mille autres brinborions, que je ne connois point. Elles ont usé, depuis que nous sommes icy,
le lard d'une douzaine de cochons, pour le moins, et
quatre Valets vivroient tous les jours des pieds de
mouton qu'elles employent.

SCÈNE IV

MAGDELON, CATHOS, GORGIBUS

GORGIBUS

Il est bien nécessaire, vrayement, de faire tant de dé-
pence pour vous graisser le museau. Dites-moy un peu
ce que vous avez fait à ces Messieurs, que je les voy
sortir avec tant de froideur? Vous avois-je pas com-

mandé de les recevoir comme des personnes que je voulois vous donner pour Maris?

MAGDELON

Et quelle estime, mon Père, voulez-vous que nous fassions du procédé irrégulier de ces gens-là?

CATHOS

Le moyen, mon Oncle, qu'une fille un peu raisonnable se pust accommoder de leur personne?

GORGIBUS

Et qu'y trouvez-vous à redire?

MAGDELON

La belle galenterie que la leur! Quoy? Débuter d'abord par le mariage?

GORGIBUS

Et par où veux-tu donc qu'ils débutent? Par le concubinage? N'est-ce pas un procédé dont vous avez sujet de vous louer toutes deux, aussi bien que moy? Est-il rien de plus obligeant que cela? Et ce lien sacré, où ils aspirent, n'est-il pas un témoignage de l'honnesteté de leurs intentions?

MAGDELON

Ah! mon Père, ce que vous dites là est du dernier bourgeois. Cela me fait honte de vous ouïr parler de la sorte, et vous devriez un peu vous faire aprendre le bel air des choses.

GORGIBUS

Je n'ay que faire ny d'air ny de chanson. Je te dis que le mariage est une chose sainte et sacrée, et que c'est faire en honnestes gens que de débuter par là.

MAGDELON

Mon Dieu, que si tout le monde vous ressembloit, un Roman seroit bien tost finy ! La belle chose que ce seroit, si d'abord Cyrus espousoit Mandane, et qu'Aronce, de plain pié, fust marié à Clélie !

GORGIBUS

Que me vient conter celle-cy ?

MAGDELON

Mon Père, voilà ma Cousine qui vous dira, aussi bien que moy, que le mariage ne doit jamais arriver qu'après les autres avantures. Il faut qu'un Amant, pour estre agréable, sçache débiter les beaux sentimens, pousser le doux, le tendre, et le passionné, et que sa recherche soit dans les formes. Premièrement, il doit voir, au Temple, ou à la Promenade, ou dans quelque cérémonie publique, la personne dont il devient amoureux ; ou bien estre conduit fatalement chez elle, par un parent ou un amy, et sortir de là tout rêveur et mélancolique. Il cache un temps sa passion à l'objet aymé, et cependant luy rend plusieurs visites, où l'on ne manque jamais de mettre sur le tapis une question galante, qui exerce les esprits de l'assemblée. Le jour de la déclaration arrive, qui se doit faire ordinairement dans une allée de quelque jardin, tandis que la compagnie s'est un peu éloignée, et cette déclaration est suivie d'un prompt couroux, qui paroist à nostre rougeur et qui pour un temps bannit l'Amant de nostre présence. En suite il trouve le moyen de nous appaiser, de nous accoustumer insensiblement au discours de sa passion, et de tirer de nous cet aveu, qui fait tant de peine. Après cela viennent les aventures, les Rivaux qui se jettent à la traverse d'une inclination établie, les persécutions des Pères, les jalousies conçeues sur de fausses apparences, les plaintes, les désespoirs, les enlèvemens, et ce qui s'ensuit. Voilà comme les choses se traitent dans les belles manières, et ce sont des règles, dont, en bonne galanterie, on ne sçauroit se dispenser. Mais en venir de but en blanc à l'union conjugale, ne faire l'amour qu'en faisant le contract du mariage, et prendre justement le Roman par la queue ! Encore un coup, mon Père, il ne se peut rien de plus Marchand que ce procédé, et j'ay mal au cœur de la seule vision que cela me fait.

GORGIBUS

Quel diable de jargon entens-je icy ? Voicy bien du haut style.

CATHOS

En effet, mon Oncle, ma Cousine donne dans le vray de la chose. Le moyen de bien recevoir des gens qui sont tout à fait incongrus en galenterie ? Je m'en vais gager qu'ils n'ont jamais veu la Carte de Tendre, et que Billets-doux, Petits-soins, Billets-galants et Jolis-vers, sont des Terres inconnues pour eux. Ne voyez-vous pas que toute leur personne marque cela, et qu'ils n'ont point cet air qui donne d'abord bonne opinion des gens ? Venir en visite amoureuse avec une jambe toute unie ; un chapeau désarmé de plumes ; une teste irrégulière en cheveux, et un habit qui souffre une indigence de rubans ! Mon Dieu, quels Amans sont-ce là ! Quelle frugalité d'ajustement, et quelle sécheresse de conversation ! On n'y dure point, on n'y tient pas. J'ay remarqué encore que leurs rabats ne sont pas de la bonne faiseuse, et qu'il s'en faut plus d'un grand demy-pié que leurs hauts de chausses ne soient assez larges.

GORGIBUS.

Je pense qu'elles sont folles toutes deux, et je ne puis rien comprendre à ce baragoin. — Cathos, et vous, Magdelon...

MAGDELON

Eh, de grâce, mon Père, défaites-vous de ces noms estranges, et nous appellez autrement.

GORGIBUS

Comment? Ces noms estranges! Ne sont-ce pas vos noms de Baptesme?

MAGDELON

Mon Dieu, que vous estes vulgaire! Pour moy, un de mes estonnemens, c'est que vous ayez pu faire une Fille si spirituelle que moy. A-t-on jamais parlé, dans le beau style, de Cathos, ny de Magdelon, et ne m'avouerez vous pas que ce seroit assez d'un de ces noms pour décrier le plus beau Roman du Monde?

CATHOS

Il est vrai, mon Oncle, qu'une oreille un peu délicate pâtit furieusement à entendre prononcer ces mots-là, et le nom de Polixène, que ma Cousine a choisi, et celui d'Aminthe, que je me suis donné, ont une grâce dont il faut que vous demeuriez d'accord.

GORGIBUS

Escoutez; il n'y a qu'un mot qui serve. Je n'entends point que vous ayez d'autres noms que ceux qui vous ont esté donnez par vos Parrains et Marraines, et, pour ces Messieurs dont il est question, je connois leurs familles et leurs biens, et je veux, résolûment, que vous vous disposiez à les recevoir pour Maris. Je me lasse de vous avoir sur les bras, et la garde de deux filles est une charge un peu trop pesante pour un homme de mon âge.

CATHOS

Pour moy, mon Oncle, tout ce que je puis vous dire, c'est que je treuve le mariage une chose tout à fait choquante. Comment est-ce qu'on peut souffrir la pensée de coucher contre un homme vrayement nu ?

MAGDELON

Souffrez que nous prenions un peu haleine parmy le beau monde de Paris, où nous ne faisons que d'arriver. Laissez-nous faire à loisir le tissu de notre Roman, et n'en pressez point tant la conclusion.

GORGIBUS

Il n'en faut point douter; elles sont achevées. — Encore un coup, je n'entens rien à toutes ces balivernes. Je veux estre maistre absolu, et, pour trancher toutes sortes de discours, ou vous serez mariées toutes deux avant qu'il soit peu, ou, ma foy, vous serez Religieuses; j'en fais un bon serment.

SCÈNE V·

CATHOS, MAGDELON

CATHOS

Mon Dieu, ma chère, que ton Père a la forme enfoncée dans la matière! Que son intelligence est épaisse, et qu'il fait sombre dans son âme.

MAGDELON

Que veux-tu, ma chère ? J'en suis en confusion pour luy. J'ay peine à me persuader que je puisse estre véritablement sa Fille, et je croy que quelque avanture, un jour, me viendra déveloper une naissance plus illustre.

CATHOS

Je le croirois bien. Ouy, il y a toutes les apparences du Monde, et, pour moy, quand je me regarde aussi...

SCÈNE VI

MAROTTE, CATHOS, MAGDELON

MAROTTE

Voilà un Laquais, qui demande si vous estes au logis, et dit que son Maistre vous veut venir voir.

MAGDELON

Apprenez, sotte, à vous énoncer moins vulgairement. Dites : « Voilà un Nécessaire, qui demande si vous estes en commodité d'estre visibles ».

MAROTTE

Dame, je n'entens point le Latin, et je n'ay pas apris, comme vous, la Filofie dans le Grand Cyre.

MAGDELON

L'impertinente ! Le moyen de souffrir cela ! Et qui est-il, le Maistre de ce Laquais ?

MAROTTE

Il me l'a nommé le Marquis de Mascarille.

MAGDELON

Ah, ma chère ! Un Marquis ! Ouy, allez dire qu'on nous peut voir. C'est sans doute un Bel Esprit, qui aura ouy parler de nous.

CATHOS

Asseurément, ma chère.

MAGDELON

Il faut le recevoir dans cette salle basse, plustost qu'en notre chambre. Ajustons un peu nos cheveux au moins, et soustenons nostre réputation. Viste, venez nous tendre icy dedans le conseiller des Grâces.

MAROTTE

Par ma foy, je ne sçay point quelle beste c'est là. Il faut parler Chrestien, si vous voulez que je vous entende.

CATHOS

Aportez-nous le miroir, ignorante que vous estes, et gardez-vous bien d'en salir la glace par la communication de vostre image.

SCÈNE VII

MASCARILLE, deux Porteurs

MASCARILLE

Holà, Porteurs, holà! Là, là, là, là, là, là. Je pense que ces marauts-là ont dessein de me briser, à force de heurter contre les murailles et les pavez.

I. PORTEUR

Dame, c'est que la porte est estroite. Vous avez voulu aussi que nous soyons entrez jusqu'icy.

MASCARILLE

Je le croy bien. Voudriez-vous, faquins, que j'exposasse l'enbonpoint de mes plumes aux inclémences de la saison pluvieuse, et que j'alasse imprimer mes souliers en boue? Allez; ostez vostre chaise d'icy!

II. PORTEUR

Payez-nous donc, s'il vous plaist, Monsieur.

MASCARILLE

Hem?

II. PORTEUR

Je dis, Monsieur, que vous nous donniez de l'argent, s'il vous plaist.

MASCARILLE, *luy donnant un souflet :*

Comment, coquin! Demander de l'argent à une personne de ma Qualité?

II. PORTEUR

Est-ce ainsi qu'on paye les pauvres gens, et vostre Qualité nous donne-t-elle à disner?

MASCARILLE

Ah, ah, ah, je vous apprendray à vous connoistre. Ces canailles-là s'osent jouer à moy!

I. PORTEUR, *prenant un des bastons de sa chaise :*

Çà, payez-nous vistement!

MASCARILLE

Quoy?

I. PORTEUR

Je dis que je veux avoir de l'argent tout à l'heure.

MASCARILLE

Il est raisonnable.

I. PORTEUR

Viste donc!

MASCARILLE

Ouy-da. Tu parles comme il faut, toy, mais l'autre est un coquin qui ne sait ce qu'il dit. Tien, es-tu content?

I. PORTEUR

Non, je ne suis pas content. Vous avez donné un souflet à mon camarade, et...

MASCARILLE

Doucement! Tien, voilà pour le souflet. On obtient tout de moy, quand on s'y prend de la bonne façon. Allez; venez me prendre tantost pour aller au Louvre au petit coucher.

SCÈNE VIII

MAROTTE, MASCARILLE

MAROTTE

Monsieur, voilà mes Maistresses, qui vont venir tout à l'heure.

MASCARILLE

Qu'elles ne se pressent point; je suis icy posté commodément pour attendre.

MAROTTE

Les voicy.

SCÈNE IX

MAGDELON, CATHOS, MASCARILLE, ALMANZOR

MASCARILLE, *après avoir salué :*

Mes dames, vous serez surprises, sans doute, de l'audace de ma visite; mais vostre réputation vous attire cette meschante affaire, et le mérite a pour moy des charmes si puissans que je cours partout après luy.

MAGDELON

Si vous poursuivez le mérite, ce n'est pas sur nos terres que vous devez chasser.

CATHOS

Pour voir chez nous le mérite, il a fallu que vous l'y ayez amené.

MASCARILLE

Ah, je m'inscris en faux contre vos paroles. La Renommée accuse juste en contant ce que vous vallez, et vous allez faire pic, repic et capot, tout ce qu'il y a de galant dans Paris.

MAGDELON

Votre complaisance pousse un peu trop avant la libéralité de ses louanges, et nous n'avons garde, ma Cousine et moy, de donner de notre sérieux dans le doux de vostre flatterie.

CATHOS

Ma chère, il faudroit faire donner des sièges.

MAGDELON

Holà! Almanzor ?

ALMANZOR

Madame ?

MAGDELON

Viste; voiturez-nous icy les commoditez de la conversation.

MASCARILLE

Mais, au moins, y a-t-il seureté icy pour moy ?

CATHOS

Que craignez-vous ?

MASCARILLE

Quelque vol de mon cœur, quelque assassinat de ma franchise. Je vois icy des yeux, qui ont la mine d'estre de fort mauvais garçons, de faire insulte aux libertez, et de traiter une âme de Turc à More. Comment, diable ! D'abord qu'on les approche, ils se mettent sur leur garde meurtrière ? Ah, par ma foy, je m'en défie, et je m'en vais gagner au pied, ou je veux caution bourgeoise qu'ils ne me feront point de mal.

MAGDELON

Ma chère, c'est le caractère enjoué.

CATHOS

Je vois bien que c'est un Amilcar.

MAGDELON

Ne craignez rien ; nos yeux n'ont point de mauvais desseins, et vostre cœur peut dormir en asseurance sur leur prud'homie.

CATHOS

Mais de grâce, Monsieur, ne soyez pas inexorable à ce fauteuil, qui vous tend les bras il y a un quart d'heure ; contentez un peu l'envie qu'il a de vous embrasser.

MASCARILLE, *après s'estre peigné et avoir ajusté ses canons :*

Hé bien, Mesdames, que dites-vous de Paris ?

MAGDELON

Hélas, qu'en pourrions-nous dire ? Il faudroit estre l'Antipode de la Raison, pour ne pas confesser que Paris est le grand Bureau des merveilles, le centre du bon goust, du bel esprit et de la galanterie.

MASCARILLE

Pour moy, je tiens que, hors Paris, il n'y a point de salut pour les honnestes gens.

CATHOS

C'est une vérité incontestable.

MASCARILLE

Il y fait un peu croté, mais nous avons la chaise.

MAGDELON

Il est vray que la chaise est un retranchement merveilleux contre les insultes de la boue et du mauvais temps.

MASCARILLE

Vous recevez beaucoup de visites ? Quel Bel Esprit est des vostres ?

MAGDELON

Hélas, nous ne sommes pas encore connues ; mais nous sommes en passe de l'estre, et nous avons une amie particulière, qui nous a promis d'amener icy tous ces Messieurs du *Recueil des Pièces choisies*...

CATHOS

Et certains autres, qu'on nous a nommez aussi pour estre les arbitres souverains des belles choses.

MASCARILLE

C'est moy qui feray votre affaire mieux que personne ; ils me rendent tous visite, et je puis dire que je ne me lève jamais sans une demy-douzaine de Beaux Esprits.

MAGDELON

Eh, mon Dieu, nous vous serons obligées de la dernière obligation si vous nous faites cette amitié, car enfin il faut avoir la connoissance de tous ces Messieurs-là, si l'on veut estre du beau monde. Ce sont eux qui donnent le branle à la réputation dans Paris, et vous sçavez qu'il y en a tel dont il ne faut que la seule fréquentation pour vous donner bruit de connoisseuse, quand il n'y auroit rien autre chose que cela. Mais, pour moy, ce que je considère particulièrement, c'est que, par le moyen de ces visites spirituelles, on est instruit de cent choses, qu'il faut sçavoir de nécessité, et qui sont de l'essence d'un Bel Esprit. On apprend par là, chaque jour, les petites Nouvelles galantes, les jolis commerces de Prose ou de Vers. On sçait à poinct nommé : Un tel a composé la plus jolie Pièce du Monde sur un tel sujet ; une telle a fait des paroles sur un tel air ; celuy-cy a fait un Madrigal sur une jouissance ; celuy-là a composé des Stances sur une infidélité ; Monsieur un tel écrivit hier au soir un Sixain à Mademoiselle une telle, dont elle luy a envoyé la réponse ce matin sur les huit heures; un tel Autheur a fait un tel dessein; celuy-là est à la Troisième Partie de son Romant; cet autre met ses ouvrages sous la presse. C'est là ce qui vous fait valoir dans les compagnies, et, si l'on ignore ces choses, je ne donnerois pas un clou de tout l'esprit qu'on peut avoir.

CATHOS

En effet, je trouve que c'est renchérir sur le Ridicule qu'une personne se pique d'esprit et ne sçache pas jusqu'au moindre petit Quatrain qui se fait chaque jour, et, pour moy, j'aurois toutes les hontes du Monde s'il falloit qu'on vînt à me demander si j'aurois veu quelque chose de nouveau, que je n'aurois pas veu.

MASCARILLE

Il est vray qu'il est honteux de n'avoir pas des premiers tout ce qui se fait, mais ne vous mettez pas en peine... Je veux établir chez vous une Académie de Beaux Esprits, et je vous promets qu'il ne se fera pas un bout de Vers dans Paris que vous ne sçachiez par cœur avant tous les autres. Pour moy, tel que vous me voyez, je m'en escrime un peu, quand je veux, et vous verrez courir de ma façon, dans les belles Ruelles de Paris, deux cens Chansons, autant de Sonnets, quatre cens Epigrammes, et plus de mille Madrigaux, sans compter les Enigmes et les Portraits.

MAGDELON

Je vous avoue que je suis furieusement pour les Portraits ; je ne vois rien de si galand que cela.

MASCARILLE

Les Portraits sont difficiles, et demandent un esprit profond. Vous en verrez de ma manière, qui ne vous déplairont pas.

CATHOS

Pour moy, j'aime terriblement les Enigmes.

MASCARILLE

Cela exerce l'esprit, et j'en ay fait quatre encore ce matin, que je vous donneray à deviner.

MAGDELON

Les Madrigaux sont agréables, quand ils sont bien tournez.

MASCARILLE

C'est mon talent particulier, et je travaille à mettre en Madrigaux toute l'Histoire Romaine.

MAGDELON

Ah, certes, cela sera du dernier beau ; j'en retiens un exemplaire au moins, si vous le faites imprimer.

MASCARILLE

Je vous en promets à chacune un, et des mieux reliez. Cela est au-dessous de ma Condition, mais je le fais seulement pour donner à gagner aux Libraires, qui me persécutent.

MAGDELON

Je m'imagine que le plaisir est grand de se voir imprimé.

MASCARILLE

Sans doute. Mais à propos, il faut que je vous die un Impromptu que je fis hier, chez une Duchesse de mes amies que je fus visiter, car je suis diablement fort sur les Impromptus.

CATHOS

L'Impromptu est justement la pierre de touche de l'esprit.

MASCARILLE

Escoutez donc.

MAGDELON

Nous y sommes de toutes nos oreilles.

MASCARILLE

Oh, oh, je n'y prenois pas garde;
Tandis que, sans songer à mal, je vous regarde,
Vostre œil, en tapinois, me dérobe mon cœur.
Au voleur, au voleur, au voleur, au voleur!

CATHOS

Ah, mon Dieu! Voilà qui est poussé dans le dernier galand.

MASCARILLE

Tout ce que je fais a l'air Cavalier; cela ne sent point le Pédant.

MAGDELON

Il en est éloigné de plus de deux mille lieues.

MASCARILLE

Avez-vous remarqué ce commencement : *Oh, oh?* Voilà qui est extraordinaire, *Oh, oh!* Comme un homme qui s'avise tout d'un coup, *Oh, oh!* La surprise, *Oh, oh!*

MAGDELON

Ouy, je trouve ce *Oh, oh,* admirable.

MASCARILLE

Il semble que cela ne soit rien.

CATHOS

Ah, mon Dieu, que dites-vous? Ce sont là de ces sortes de choses qui ne se peuvent payer.

MAGDELON

Sans doute, et j'aimerois mieux avoir fait ce *Oh, oh,* qu'un Poëme Epique.

MASCARILLE

Tudieu, vous avez le goût bon.

MAGDELON

Eh, je ne l'ay pas tout à fait mauvais.

MASCARILLE

Mais n'admirez-vous pas aussi : *Je n'y prenois pas garde?* Je n'y prenois pas garde, je ne m'apercevois pas de cela, façon de parler naturelle, *je n'y prenois pas garde.*

Tandis que, sans songer à mal,

tandis qu'innocemment, sans malice, comme un pauvre mouton,

je vous regarde,

c'est-à-dire je m'amuse à vous considérer, je vous observe, je vous contemple,

Vostre œil, en tapinois...

Que vous semble de ce mot *tapinois?* N'est-ce pas bien choisy ?

CATHOS

Tout à fait bien.

MASCARILLE

Tapinois, en cachette. Il semble que ce soit un chat qui vienne de prendre une souris. *Tapinois.*

MAGDELON

Il ne se peut rien de mieux.

MASCARILLE

Me dérobe mon cœur,

me l'emporte, me le ravit :

Au voleur, au voleur, au voleur, au voleur!

Ne diriez-vous pas que c'est un homme qui crie et court après un voleur pour le faire arrester :

Au voleur, au voleur, au voleur, au voleur !

MAGDELON

Il faut avouer que cela a un tour spirituel et galand.

MASCARILLE

Je veux vous dire l'air que j'ay fait dessus.

CATHOS

Vous avez apris la Musique ?

MASCARILLE

Moy ? Point du tout.

CATHOS

Et comment donc cela se peut-il ?

MASCARILLE

Les gens de Qualité sçavent tout, sans avoir jamais rien appris.

MAGDELON

Asseurément, ma chère.

MASCARILLE

Escoutez si vous trouverez bien l'air à votre goût. Hem, hem.

La, la, la, la, la.....

La brutalité de la saison a furieusement outragé la

délicatesse de ma voix, mais il n'importe ; c'est à la Cavalière.
Il chante :
Oh ! oh, je n'y prenois pas...

CATHOS

Ah ! Que voilà un air qui est passionné ! Est-ce qu'on n'en meurt point ?

MAGDELON

Il y a de la cromatique là-dedans.

MASCARILLE

Ne trouvez-vous pas la pensée bien exprimée dans le chant ? *Au voleur,* et puis, comme si l'on crioit bien fort : *Au, au, au, au, au voleur.....* et tout d'un coup, comme une personne essouflée : *Au voleur !*

MAGDELON

C'est là sçavoir le fin des choses, le grand fin, le fin du fin. Tout est merveilleux, je vous asseure ; je suis entousiasmée, de l'air et des paroles.

CATHOS

Je n'ay encore rien veu de cette force-là.

MASCARILLE

Tout ce que je fais me vient naturellement ; c'est sans étude.

MAGDELON

La Nature vous a traitté en vraye mère passionnée, et vous en estes l'enfant gâté.

MASCARILLE

A quoy donc passez-vous le temps ?

CATHOS

A rien du tout.

MAGDELON

Nous avons esté jusqu'icy dans un jeusne effroyable de divertissemens.

MASCARILLE

Je m'offre à vous mener l'un de ces jours à la Comédie, si vous voulez. Aussi bien on en doit jouer une nouvelle, que je seray bien aise que nous voyions ensemble.

MAGDELON

Cela n'est pas de refus.

MASCARILLE

Mais je vous demande d'applaudir comme il faut, quand nous serons là, car je me suis engagé de faire valoir la Pièce, et l'Autheur m'en est venu prier encore ce matin. C'est la coustume icy qu'à nous autres, gens de Condition, les Autheurs viennent lire leurs Pièces nouvelles, pour nous engager à les trouver belles et leur donner de la réputation; et je vous laisse à penser si, quand nous disons quelque chose, le Parterre ose nous contredire. Pour moy, j'y suis fort exact, et, quand j'ay promis à quelque Poëte, je crie tousjours : « Voilà qui est beau », devant que les chandelles soient allumées.

MAGDELON

Ne m'en parlez point; c'est un admirable lieu que Paris. Il s'y passe cent choses, tous les jours, qu'on ignore dans les Provinces, quelque spirituelle qu'on puisse estre.

CATHOS

C'est assez; puisque nous sommes instruites, nous ferons nostre devoir de nous écrier comme il faut sur tout ce qu'on dira.

MASCARILLE

Je ne sçay si je me trompe, mais vous avez la mine d'avoir fait quelque Comédie.

MAGDELON

Eh, il pourroit estre quelque chose de ce que vous dites.

MASCARILLE

Ah, ma foy, il faudra que nous la voyions. Entre nous, j'en ay composé une, que je veux faire représenter.

CATHOS

Hé, à quels Comédiens la donnerez-vous ?

MASCARILLE

Belle demande! Aux grands Comédiens. Il n'y a qu'eux qui soient capables de faire valoir les choses; les autres sont des ignorans, qui récitent comme l'on parle. Ils ne sçavent pas faire ronfler les vers et s'arrester au bel endroit, et le moyen de connoître où est le beau Vers si le Comédien ne s'y arreste, et ne vous avertit par là qu'il faut faire le brouhaha?

CATHOS

En effet, il y a manière de faire sentir aux Auditeurs les beautez d'un Ouvrage, et les choses ne valent que ce qu'on les fait valoir.

MASCARILLE

Que vous semble de ma petite oye? La trouvez-vous congruante à l'habit?

CATHOS

Tout à fait.

MASCARILLE

Le ruban est bien choisi?

MAGDELON

Furieusement bien. C'est Perdrigeon tout pur.

MASCARILLE

Que dites-vous de mes canons?

MAGDELON

Ils ont tout à fait bon air.

MASCARILLE

Je puis me vanter au moins qu'ils ont un grand quartier plus que tous ceux qu'on fait.

MAGDELON

Il faut avouer que je n'ay jamais veu porter si haut l'élégance de l'ajustement.

MASCARILLE

Attachez un peu sur ces gants la réflexion de vostre odorat.

MAGDELON

Ils sentent terriblement bon.

CATHOS

Je n'ay jamais respiré une odeur mieux conditionnée.

MASCARILLE

Et celle-là.

MAGDELON

Elle est tout à fait de qualité; le sublime en est touché délicieusement.

MASCARILLE

Vous ne me dites rien de mes plumes! Comment les trouvez-vous?

CATHOS

Effroyablement belles.

MASCARILLE

Sçavez-vous que le brin me couste un Louis d'or ? Pour moy, j'ay cette manie de vouloir donner généralement sur tout ce qu'il y a de plus beau.

MAGDELON

Je vous asseure que nous simpathisons, vous et moy. J'ay une délicatesse furieuse pour tout ce que je porte, et, jusqu'à mes chaussettes, je ne puis rien souffrir qui ne soit de la bonne ouvrière.

MASCARILLE *s'écriant brusquement :*

Ahi! ahi! ahi! Doucement. Dieu me damne, Mesdames, c'est fort mal en user. J'ay à me plaindre de vostre procédé; cela n'est pas honneste.

CATHOS

Qu'est-ce donc ? Qu'avez-vous ?

MASCARILLE

Quoy! Toutes deux contre mon cœur, en mesme temps ? M'attaquer à droite et à gauche ? Ah, c'est contre le Droict des Gens ; la partie n'est pas égale, et je m'en vais crier au meurtre.

CATHOS

Il faut avouer qu'il dit les choses d'une manière particulière.

MAGDELON

Il a un tour admirable dans l'esprit.

CATHOS

Vous avez plus de peur que de mal, et vostre cœur crie avant qu'on l'écorche.

MASCARILLE

Comment, diable ! Il est écorché depuis la teste jusqu'aux pieds.

SCÈNE X

MAROTTE, MASCARILLE, CATHOS, MAGDELON

MAROTTE

Madame, on demande à vous voir.

MAGDELON

Qui ?

MAROTTE

Le Vicomte de Jodelet.

MASCARILLE

Le Vicomte de Jodelet ?

MAROTTE

Ouy, Monsieur.

CATHOS

Le connoissez-vous ?

MASCARILLE

C'est mon meilleur amy.

MAGDELON

Faistes entrer vistement.

MASCARILLE

Il y a quelque temps que nous ne nous sommes veus, et je suis ravy de cette avanture.

CATHOS

Le voicy.

SCÈNE XI

JODELET, MASCARILLE, CATHOS, MAGDELON, MAROTTE

MASCARILLE

Ah, Vicomte !

JODELET
S'embrassant l'un et l'autre :

Ah, Marquis !

MASCARILLE

Que je suis aise de te rencontrer!

JODELET

Que j'ay de joye de te voir icy!

MASCARILLE

Baise-moy donc encore un peu, je te prie.

MAGDELON

Ma toute bonne, nous commençons d'estre connues; voilà le beau monde qui prend le chemin de nous venir voir.

MASCARILLE

Mesdames, agréez que je vous présente ce Gentil-homme-cy. Sur ma parole, il est digne d'estre connu de vous.

JODELET

Il est juste de venir vous rendre ce qu'on vous doit, et vos attraits exigent leurs droicts seigneuriaux sur toutes sortes de personnes.

MAGDELON

C'est pousser vos civilitez jusqu'aux derniers confins de la flaterie.

CATHOS

Cette journée doit estre marquée dans nostre Almanach comme une journée bienheureuse.

MAGDELON

Allons, petit garçon, faut-il toujours vous répéter les choses? Voyez-vous pas qu'il faut le surcroist d'un fauteuil?

MASCARILLE

Ne vous estonnez pas de voir le Vicomte de la sorte. Il ne fait que sortir d'une maladie, qui luy a rendu le visage pasle, comme vous le voyez.

JODELET

Ce sont fruits des veilles de la Cour et des fatigues de la Guerre.

MASCARILLE

Sçavez-vous, Mesdames, que vous voyez dans le Vicomte un des vaillants hommes du Siècle? C'est un brave à trois poils.

JODELET

Vous ne m'en devez rien, Marquis, et nous sçavons ce que vous sçavez faire aussi.

MASCARILLE

Il est vray que nous nous sommes veus tous deux dans l'occasion...

JODELET

Et dans des lieux où il faisoit fort chaud.

MASCARILLE, *les regardant tou(te)s deux :*

Ouy, mais non pas si chaud qu'icy. Hay, hay, hay!

JODELET

Nostre connoissance s'est faite à l'Armée, et, la première fois que nous nous vismes, il commandoit un Régiment de Cavalerie sur les Galères de Malthe.

MASCARILLE

Il est vray, mais vous estiez pourtant dans l'employ avant que j'y fusse, et je me souviens que je n'estois que petit Officier encore, que vous commandiez deux mille chevaux.

JODELET

La Guerre est une belle chose; mais, ma foy, la Cour récompense bien mal aujourd'huy les gens de service comme nous.

MASCARILLE

C'est ce qui fait que je veux pendre l'épée au croc.

CATHOS

Pour moy, j'ay un furieux tendre pour les hommes d'épée.

MAGDELON

Je les ayme aussi; mais je veux que l'esprit assaisonne la bravoure.

MASCARILLE

Te souvient-il, Vicomte, de cette demy-lune que nous emportasmes sur les ennemis au siège d'Arras ?

JODELET

Que veux-tu dire avec ta demy-lune ? C'estoit bien une lune tout entière.

MASCARILLE

Je pense que tu as raison.

JODELET

Il m'en doit bien souvenir, ma foy. J'y fus blessé à la jambe d'un coup de grenade, dont je porte encore les marques. Tastez un peu, de grâce ; vous sentirez quel coup c'estoit là.

CATHOS

Il est vray que la cicatrice est grande.

MASCARILLE

Donnez-moy un peu vostre main, et tastez celuy-cy. Là, justement au derrière de la teste. Y estes-vous ?

MAGDELON

Ouy, je sens quelque chose.

MASCARILLE

C'est un coup de mousquet, que je reçeus la dernière campagne que j'ay faite.

JODELET

Voicy un autre coup, qui me perça de part en part à l'attaque de Graveline.

MASCARILLE, *mettant la main sur le bouton de son haut-de-chausse:*

Je vais vous monstrer une furieuse playe......

MAGDELON

Il n'est pas nécessaire ; nous le croyons, sans y regarder.

MASCARILLE

Ce sont des marques honorables, qui font voir ce qu'on est.

CATHOS

Nous ne doutons point de ce que vous estes.

MASCARILLE

Vicomte, as-tu là ton carosse ?

JODELET

Pourquoy ?

MASCARILLE

Nous mènerions promener ces Dames hors des Portes, et leur donnerions un cadeau.

MAGDELON

Nous ne sçaurions sortir aujourd'huy.

MASCARILLE

Ayons donc les Violons pour danser.

JODELET

Ma foy, c'est bien avisé.

MAGDELON

Pour cela, nous y consentons, mais il faut donc quelque surcroist de compagnie.

MASCARILLE

Holà! Champagne, Picard, Bourguignon, Cascaret, Basque, La Verdure, Lorrain, Provençal, La Violette! — Au Diable soient tous les Laquais! Je ne pense pas qu'il y ait Gentilhomme en France plus mal servy que moy. Ces Canailles me laissent toujours seul.

MAGDELON

Almanzor, dites aux gens de Monsieur qu'ils aillent quérir des Violons, et nous faites venir ces Messieurs et ces Dames d'icy près, pour peupler la solitude de nostre bal.

MASCARILLE

Vicomte, que dis-tu de ces yeux ?

JODELET

Mais toy-mesme, Marquis, que t'en semble ?

MASCARILLE

Moy, je dis que nos libertez auront peine à sortir

d'icy les brayes nettes. Au moins, pour moy, je reçois d'estranges secousses, et mon cœur ne tient plus qu'à un filet.

MAGDELON

Que tout ce qu'il dit est naturel! Il tourne les choses le plus agréablement du monde.

CATHOS

Il est vray qu'il fait une furieuse dépense en esprit.

MASCARILLE

Pour vous monstrer que je suis véritable, je veux faire un Impromptu là-dessus.

CATHOS

Eh, je vous en conjure, de toute la dévotion de mon cœur. Que nous ayons quelque chose qu'on ait fait pour nous.

JODELET

J'aurois envie d'en faire autant; mais je me treuve un peu incommodé de la veine poétique, pour la quantité des saignées que j'y ay faites ces jours passez.

MASCARILLE

Que diable est-ce là? Je fais tousjours bien le premier vers, mais j'ay peine à faire les autres. Ma foy, cecy est un peu trop pressé; je vous feray un Impromptu à loisir, que vous trouverez le plus beau du Monde.

JODELET
Il a de l'esprit comme un Démon.

MAGDELON
Et du galand, et du bien tourné.

MASCARILLE
Vicomte, dy-moy un peu, y a-t-il long-temps que tu n'as veu la Comtesse ?

JODELET
Il y a plus de trois semaines que je ne luy ay rendu visite.

MASCARILLE
Sçais-tu bien que le Duc m'est venu voir ce matin, et m'a voulu mener à la campagne courir un cerf avec luy.

MAGDELON
Voicy nos amies qui viennent.

SCÈNE XII

JODELET, MASCARILLE, CATHOS, MAGDELON, MAROTTE, LUCILE

MAGDELON
Mon Dieu, mes chères, nous vous demandons pardon. Ces Messieurs ont eu fantaisie de nous donner

les âmes des pieds, et nous vous avons envoyé quérir pour remplir les vuides de nostre assemblée.

LUCILE

Vous nous avez obligées sans doute.

MASCARILLE

Ce n'est icy qu'un Bal à la haste, mais, l'un de ces jours, nous vous en donnerons un dans les formes. Les Violons sont-ils venus?

ALMANZOR

Ouy, Monsieur; ils sont icy.

CATHOS

Allons donc, mes chères, prenez place.

MASCARILLE, *dançant luy seul comme par prélude*:

La, la, la, la, la, la, la, la.

MAGDELON

Il a tout à fait la taille élégante...

CATHOS

Et la mine de dancer proprement.

MASCARILLE, *ayant pris Magdelon*:

Ma franchise va danser la Courante aussi bien que mes piez. En cadence, Violons, en cadence. O quels ignorans! Il n'y a pas moyen de dancer avec eux. Le

Diable vous emporte! Ne sçauriez-vous jouer en mesure? *La, la, la, la, la, la, la, la.* Ferme, ô Violons de village!

JODELET, *dançant en suite:*

Holà, ne pressez pas si fort la cadance; je ne fais que sortir de maladie.

SCÈNE XIII

DU CROISY, LA GRANGE, MASCARILLE

LA GRANGE

Ah, ah, coquins, que faites-vous icy? Il y a trois heures que nous vous cherchons.

MASCARILLE, *se sentant battre:*

Ahy, ahy, ahy! Vous ne m'aviez pas dit que les coups en seroient aussi.

JODELET

Ahy, ahy, ahy!

LA GRANGE

C'est bien à vous, infâme que vous estes, à vouloir faire l'homme d'importance.

DU CROISY

Voilà qui vous apprendra à vous connoistre.

Ils sortent.

SCÈNE XIV

MASCARILLE, JODELET, CATHOS, MAGDELON

MAGDELON

Que veut donc dire cecy?

JODELET

C'est une gageure.

CATHOS

Quoy! Vous laisser battre de la sorte!

MASCARILLE

Mon Dieu, je n'ay pas voulu faire semblant de rien; car je suis violent, et je me serois emporté.

MAGDELON

Endurer un affront, comme celuy-là, en nostre présence!

MASCARILLE

Ce n'est rien; ne laissons pas d'achever. Nous nous connoissons il y a longtemps, et entre amis on ne va pas se piquer pour si peu de chose.

SCÈNE XV

DU CROISY, LA GRANGE, MASCARILLE, JODELET, MAGDELON, CATHOS

LA GRANGE

Ma foy, marauts, vous ne vous rirez pas de nous, je vous promets. — Entrez, vous autres.

MAGDELON

Quelle est donc cette audace, de venir nous troubler de la sorte, dans nostre maison ?

DU CROISY

Comment, Mes Dames, nous endurerons que nos Laquais soient mieux reçeus que nous, qu'ils viennent vous faire l'amour à nos dépens, et vous donnent le Bal ?

MAGDELON

Vos Laquais !

LA GRANGE

Ouy, nos Laquais, et cela n'est ny beau ny honneste de nous les débaucher, comme vous faites.....

MAGDELON

O ciel, quelle insolence !

LA GRANGE

Mais ils n'auront pas l'avantage de se servir de nos habits pour vous donner dans la veue, et, si vous les voulez aimer, ce sera, ma foy, pour leurs beaux yeux. — Viste, qu'on les dépouille sur-le-champ.

JODELET

Adieu nostre braverie.

MASCARILLE

Voilà le Marquisat et la Vicomté à bas.

DU CROISY

Ha, ha, coquins, vous avez l'audace d'aller sur nos brisées. Vous irez chercher autre part de quoy vous rendre agréables aux yeux de vos belles, je vous en asseure.

LA GRANGE

C'est trop que de nous suplanter, et de nous suplanter avec nos propres habits.

MASCARILLE

O Fortune, quelle est ton inconstance!

DU CROISY

Viste, qu'on leur oste jusqu'à la moindre chose.

LA GRANGE

Qu'on emporte toutes ces hardes. Dépêchez! — Maintenant, Mes Dames, en l'estat qu'ils sont, vous pouvez continuer vos amours avec eux tant qu'il vous plaira. Nous vous laissons toute sorte de liberté pour cela, et nous vous protestons, Monsieur, et moy, que nous n'en serons aucunement jaloux.

CATHOS

Ah, quelle confusion!

MAGDELON

Je crève de dépit.

VIOLONS *au Marquis*:

Qu'est-ce donc que cecy? Quy nous payera, nous autres?

MASCARILLE

Demandez à Monsieur le Vicomte.

VIOLONS *au Vicomte*:

Qui est-ce qui nous donnera de l'argent?

JODELET

Demandez à Monsieur le Marquis.

SCÈNE XVI

GORGIBUS, MASCARILLE, MAGDELON

GORGIBUS

Ah, coquines que vous estes, vous nous mettez dans de beaux draps blancs, à ce que je voy, et je viens d'apprendre de belles affaires, vrayment, de ces Messieurs qui sortent.

MAGDELON

Ah, mon père, c'est une pièce sanglante qu'ils nous ont faite.

GORGIBUS

Ouy, c'est une pièce sanglante, mais qui est un effet de votre impertinence, infâmes! Ils se sont ressentis du traitement que vous leur avez fait, et cependant, malheureux que je suis, il faut que je boive l'affront.

MAGDELON

Ah, je jure que nous serons vangées, ou que je mourray en la peine. Et vous, marauts, osez-vous vous tenir icy après vostre insolence ?

MASCARILLE

Traiter comme cela un Marquis! Voilà ce que

c'est que du Monde; la moindre disgrâce nous fait mépriser de ceux qui nous chérissoient. Allons, camarade, allons chercher fortune autre part; je vois bien qu'on n'aime icy que la vaine apparence, et qu'on n'y considère point la vertu toute nue.

Ils sortent tous deux.

SCÈNE XVII

GORGIBUS, MAGDELON, CATHOS, Violons

VIOLONS

Monsieur, nous entendons que vous nous contentiez, à leur défaut, pour ce que nous avons joué icy.

GORGIBUS, *les battant:*

Ouy, ouy, je vous vais contenter, et voicy la monnoye dont je vous veus payer. — Et vous, pendardes, je ne sçay qui me tient que je vous en fasse autant; nous allons servir de fable et de risée à tout le monde, et voilà ce que vous vous estes attiré par vos extravagances. Allez vous cacher, vilaines, allez vous cacher pour jamais ! Et vous, qui estes cause de leur folie, sottes bille-vesées, pernicieux amusements des esprits oisifs, Romans, Vers, Chansons, Sonnets et Sonnettes, puissiez-vous estre à tous les Diables!

Extrait du Privilège du Roy.

Par Grâce et Privilège du Roy, donné à Paris le *19 Janvier 1660*, signé : « *Par le Roy en Conseil,* MARESCHAL », *il est permis à* GUILLAUME DE LUYNES, *Marchand Libraire de nostre bonne ville de Paris, de faire imprimer, vendre et débiter* Les Précieuses Ridicules, représentées au Petit Bourbon, *pendant cinq années, et Défenses sont faites à tous autres de l'imprimer, ni vendre d'autre édition que celle de l'exposant, à peine de deux mil livres d'amande, de tous despens, dommages et intérests, comme il est porté plus amplement par les dites Lettres.*

Et le dit DE LUYNES a fait part du Privilège cy-dessus à CHARLES DE SERCY et CLAUDE BARBIN, Marchands Libraires, pour en jouir suivant l'accord fait entre eux.

Achevé d'imprimer pour la première fois le vingt-neuf Janvier 1660.

Registré sur le Livre de la Communauté.....
Le vingt Janvier 1660.

Signé : JOSSE, Syndic.

Les exemplaires ont esté fournis.

LES
PRÉCIEUSES RIDICULES

EXPLICATION DES PLANCHES

Faux-Titre. — A droite, Polixène et Aminthe, c'est-à-dire Magdelon et Cathos; à gauche, Mascarille tendant son bras ganté et leur disant : « Attachez un peu sur ces gants la réflexion de votre odorat » (lignes 528-529). Au milieu du haut, la couronne du Marquisat de Mascarille.

Notice. — En-tête. Bande ornementale. A droite et à gauche, deux paniers remplis de fleurs; au milieu, un médaillon avec le portrait de Magdelon.

— Lettre L. Au milieu, un des violons du bal (Sc. XII), entre deux branches de laurier et deux flûtes.

— Cul de lampe. Fleuron ornemental au centre, un vase d'où sort la fumée de parfums « délicieusement Conditionnés et tout à fait de Qualité. »

La grande composition représente la salle basse de Gorgibus; Magdelon, Cathos et le Marquis de Mascarille, que Cathos prie de ne pas être inexorable au fauteuil qui lui tend les bras et de contenter l'envie qu'il a de l'embrasser (Sc. IX, lignes 303-6). Dans le fond on aperçoit par la porte ouverte Almanzor se retirant après avoir apporté les sièges, et, plus loin, les deux porteurs de chaise qui s'en vont.

Cadre du Titre. — Au milieu du haut, Mascarille dans sa chaise indique à ses porteurs la maison des Précieuses; au-dessus la couronne de son Marquisat. Au coin supérieur de gauche, Mascarille saluant avec exagération Magdelon, de qui l'on ne voit que le haut du corps sortant d'un rinceau; en pendant, au coin de droite, Jodelet, saluant de la même manière Cathos, qui sort d'un rinceau. Dans le haut des montants, à droite et à gauche, marionnettes ornementales, se rapportant au Bal de la scène XII. Au milieu des montants, à gauche, Magdelon, à droite, Cathos, se regardant chacune dans un *Conseiller des Grâces*. Au bas des montants, deux Violons assis et jouant de leur instrument. Au milieu du titre un médaillon rond avec l'armoirie de Molière, la légende Jean-Baptiste Poquelin de Molière et la date 1659.

Préface au Lecteur. — En-tête. Aux deux extrémités de gauche et de droite, dans de longs cadres étroits qui se font pendant, Magdelon et Cathos debout, l'une tenant son éventail et l'autre son manchon. Ces deux cadres sont reliés par deux bandes à fond noir, ornés d'un panier plein de fleurs, à un cadre central, ovale et en largeur, qui représente le cabinet de Molière, avec, au fond, des rayons de bibliothèque et une horloge. A droite un singe, qui est assis à terre et se donne des airs d'écrire, est luttiné par deux petits Satyraux; Molière, assis derrière sa table de travail couverte d'un tapis retombant, armorié à ses armes, lève la tête pour écouter la Muse de la Satyre, à jambes de chèvre, qui se penche vers lui pour l'inspirer.

— Lettre C. Molière, à l'imprimerie, remettant à « Monsieur de Luynes » le bon à tirer du volume des *Précieuses*. Un ouvrier tient un tampon à encrer; un autre a la main sur la barre de la presse.

— Cul de lampe. Le titre des *Précieuses* avec, en haut, *A la Bonne-Foy*, surmonté d'une couronne royale fermée, ce qui donne : *A la Bonne-Foy couronnée,* enseigne du libraire Charles de Sercy, dont on lit le nom au bas. A droite et à gauche, des bougies portées par des rinceaux.

Cadre des Personnages. — Au milieu du haut la couronne de Marquis de Mascarille, accompagnée des archets de ses Violoneux; sur les deux coins arrondis, deux très jeunes Précieuses, jouant déjà de l'éventail. Les deux montants sont composés de petits violons. Au milieu du bas une commode, portée sur des pattes de lions, et devant cette commode, sur un tabouret, un jeune Violon jouant de son instrument. Dans les deux coins du bas de cadre, le chapeau et les gants de Mascarille.

En-tête de la Pièce. — A gauche, Magdelon, avec son éventail ouvert accompagnée d'un petit satyre à pieds de chèvre et sommée de l'armoirie de Catherine de Vivonne, marquise de Rambouillet, d'hermines au chef de gueules; à droite, Cathos, tenant un éventail fermé et sommé des armoiries de Julie d'Angennes, marquise de Montausier depuis 1645, de gueules au sautoir d'argent. Au bas, au centre du cadre, un bouquet d'œillets, l'une des fleurs de la *Guirlande* offerte à Julie en 1642.

— Lettre S. Sur deux plateaux portés sur un rinceau central, à droite, Magdelon et Cathos; à gauche, Mascarille, les saluant avec la plus exquise politesse. Le cadre de la lettre est agrémenté d'une bordure de dentelles; au milieu, la couronne de Marquis de Mascarille, dans laquelle s'est casé un petit satyre jouant de la flûte.

— Cul de lampe. Un éventail ouvert, sur lequel est peint le commencement du Bal de la scène XII. En avant de trois fauteuils, Jodelet fait danser Cathos, et Mascarille, qui n'a pas quitté son épée, fait danser Magdelon; à chacune des extrémités, deux Violons jouant, l'un assis et l'autre debout. Le cadre ornemental, sur lequel l'éventail est ouvert, est sommé, à ses deux extrémités, par un vase rempli d'œillets et, au centre, par les armoiries de Julie d'Angennes.

Achevé d'imprimer a Évreux
Par Charles Hérissey
Le Vingt-Six Mai Mil huit cent quatre-vingt-trois

Pour le compte de Jules Lemonnyer
Éditeur a Paris

www.ingramcontent.com/pod-product-compliance
Lightning Source LLC
LaVergne TN
LVHW050639090426
835512LV00007B/938